# Das Buch vom Voltigieren für Kinder

geschrieben von Ulrike Rieder,
gezeichnet von Silke Ehrenberger



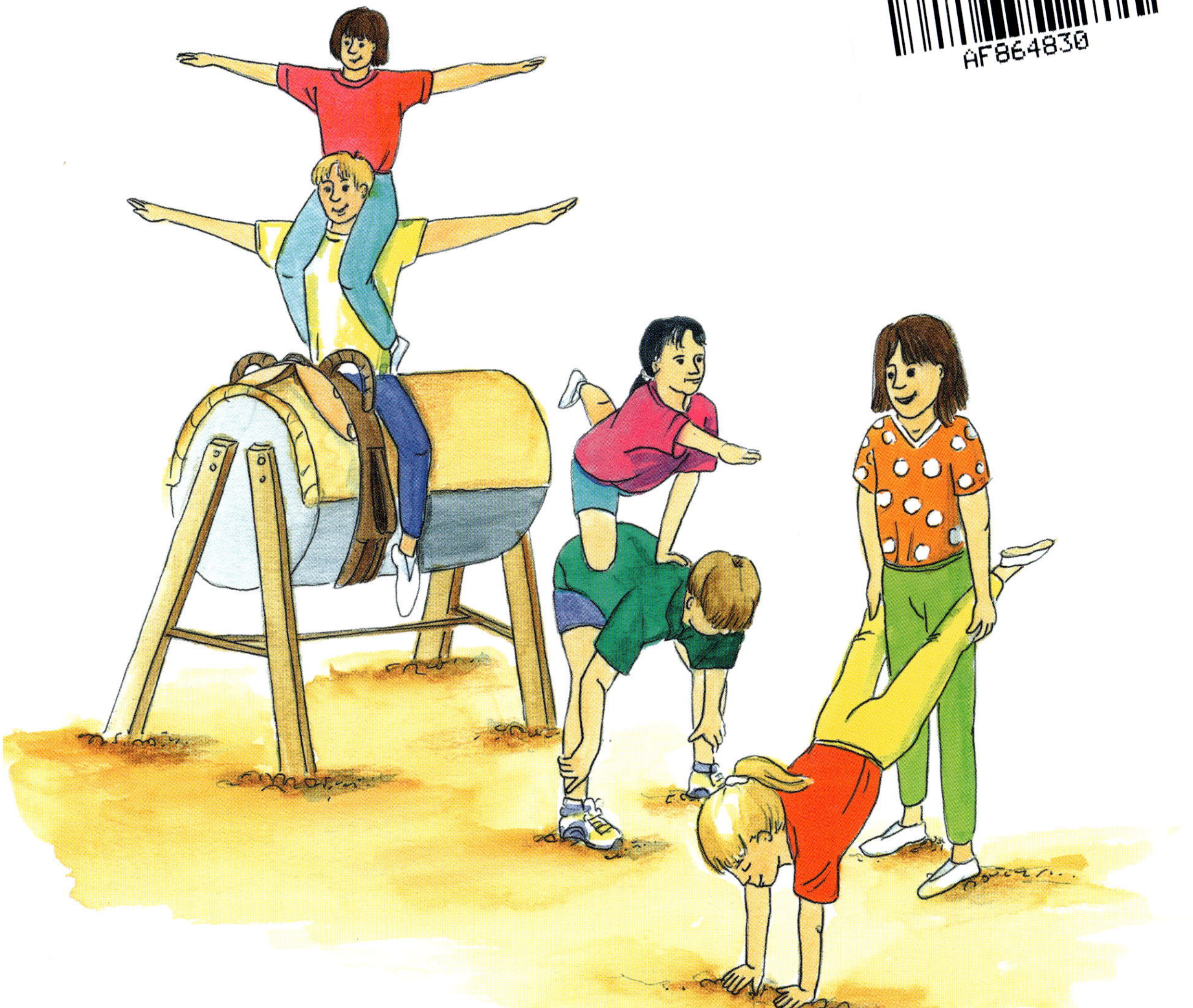

FN hufeisen sachbilderbuch

# Voltigieren – ein toller Pferdesport

Voltigieren ist eine ganz besondere Sportart. Du lernst dabei, dich geschickt auf dem Pferderücken zu bewegen.
Es ist der beste Einstieg für Kinder, die sich einen Sport mit Pferden wünschen.

Wo findest du eine bessere Möglichkeit, mit einem Pferd und mit anderen Kindern zusammen in einer Gruppe zu sein?

Voltigieren ist der richtige Sport für alle Kinder, die Pferde lieben sowie Spaß am Turnen und kleinen Kunststücken haben.

Es ist ein herrliches Gefühl, auf dem schwingenden Rücken des Pferdes zu sitzen und seine Bewegungen zu spüren.

Toll ist es, frei auf einem galoppierenden Pferd zu stehen!

# Hier macht Voltigieren Spaß

Du kannst das Voltigieren in einem Reit- oder Voltigierverein in deiner Nähe lernen.

Es gibt große Vereine in der Stadt mit mehreren Voltigiergruppen oder kleinere Vereine auf dem Land mit nur einer oder zwei Gruppen.

Suche dir einen Verein aus, in dem alle Voltigierkinder gern gesehen werden. Dort wird dir auch der Umgang mit dem Pferd richtig gezeigt.

# Was brauchst du zum Voltigieren?

Frage den Voltigierausbilder, wann du in eine Gruppe aufgenommen werden kannst. Vielleicht musst du noch warten, bis es einen freien Platz für dich gibt. In kleineren Gruppen wirst du häufiger aufs Pferd kommen.

Du brauchst zum Voltigieren normale Sportkleidung: kurze oder lange Gymnastikhosen und ein nicht zu weites T-Shirt oder einen Pulli. Ein paar Gymnastikschuhe, die beim Voltigieren Schläppchen heißen, gehören auch dazu.

Für Vorführungen oder Wettkämpfe trägt die ganze Gruppe einheitliche Gymnastikanzüge mit langen Hosen.

Die Mitglieder einer Gruppe sind stolz auf ihren Dress, den sie gemeinsam in ihrer Wunschfarbe ausgewählt haben.

Es sieht toll aus, wenn alles zusammenpasst: die Anzüge und Frisuren der Gruppe, die Kleidung des Longenführers und die Aufmachung des Voltigierpferdes.

# Deine Voltigiergruppe hält zusammen

Die Voltigiergruppe, das Voltigierpferd und der Longenführer gehören immer zusammen.

Voltigieren ist ein Gruppensport. Du bist dabei nie allein. Anfangs brauchst du keine Angst zu haben – auch du wirst bestimmt freundlich aufgenommen.

Die Gruppe nimmt Rücksicht auf die Neuen und Schwächeren.
Klare Sache, dass ihr euch beim Üben auch gegenseitig Hilfestellung gebt.

Das Turnen auf dem Pferderücken macht gemeinsam doppelt so viel Spaß!

Für die ganze Gruppe ist es wichtig, dass alle Kinder regelmäßig zur Voltigierstunde kommen.

# Euer Voltigierpferd – euer Freund

Ein Voltigierpferd hat ganz besondere Eigenschaften. Es ist gutmütig und geduldig und freundlich zu Kindern.

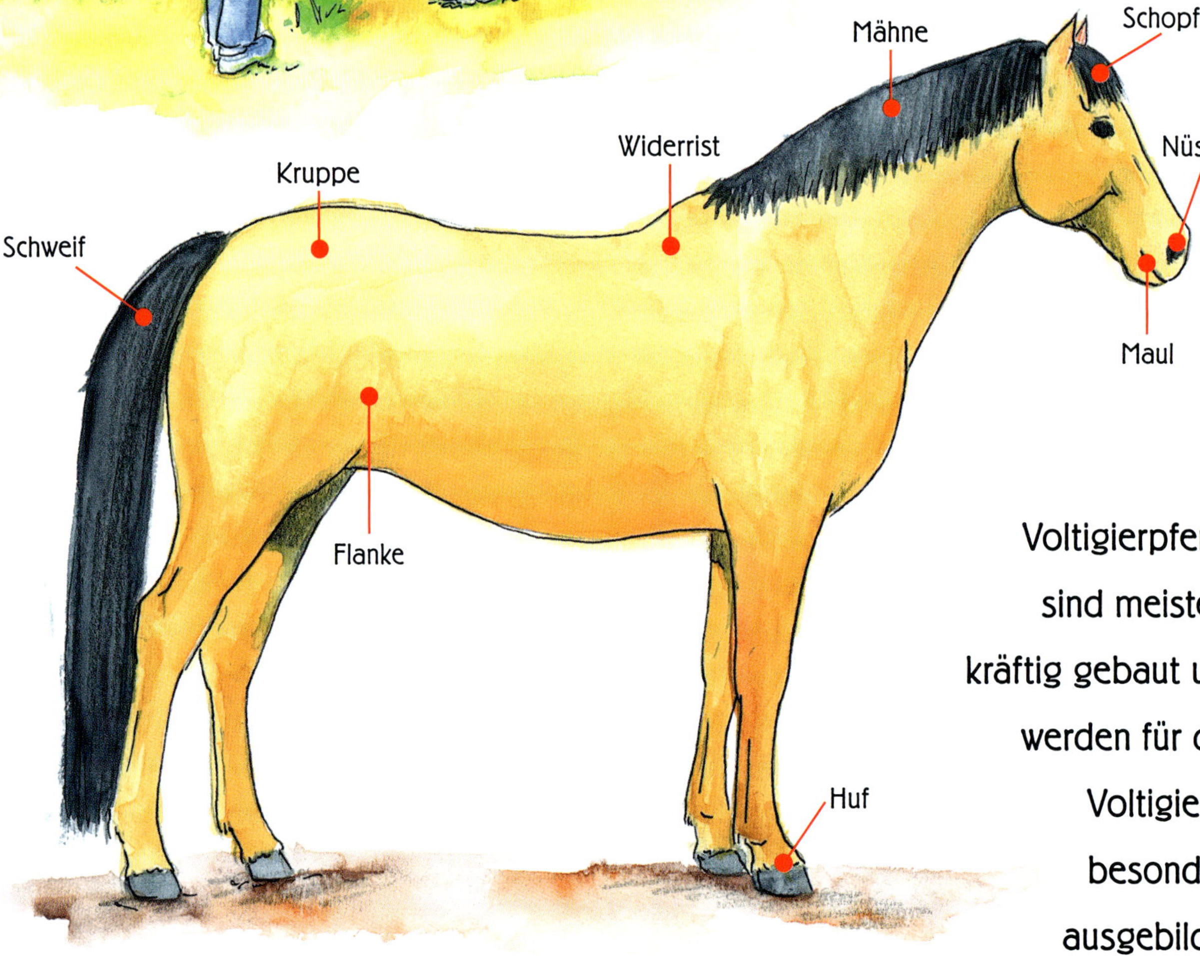


Voltigierpferde sind meistens kräftig gebaut und werden für das Voltigieren besonders ausgebildet.

Einem solchen Pferd könnt ihr wirklich vertrauen. Es wird von der ganzen Gruppe geliebt. Das Pferd hat seine Voltigierkinder, die es umsorgen und pflegen, ins Herz geschlossen.

Bringt eurem Pferd für jede Stunde eine Karotte oder ein Stück trockenes Brot mit!

# Pferdepflege gehört immer dazu

Vor und nach der Voltigierstunde muss euer Voltigierpferd geputzt werden. Lass dir anfangs dabei helfen und dir zeigen, wie man es richtig macht.

Das wichtigste Putzzeug besteht aus einem Striegel und einer weichen Bürste. Was sonst noch in eure Putzkiste gehört, zeigt dir das Bild.

Mit dem Hufkratzer werden die Hufe des Pferdes sorgfältig gesäubert. Der Schweif wird vorsichtig mit den Fingern entwirrt.

Als Voltigierkind wirst du auch bald lernen, wie man mit Pferden umgeht – zum Beispiel wie man es richtig führt.

# Ausrüstung des Pferdes – Aufgurten und

Euer Pferd braucht zum Voltigieren eine besondere Ausrüstung. Am wichtigsten ist der Voltigiergurt.

Die Ausbindezügel auf beiden Seiten des Gurtes werden in die Trense eingeschnallt.

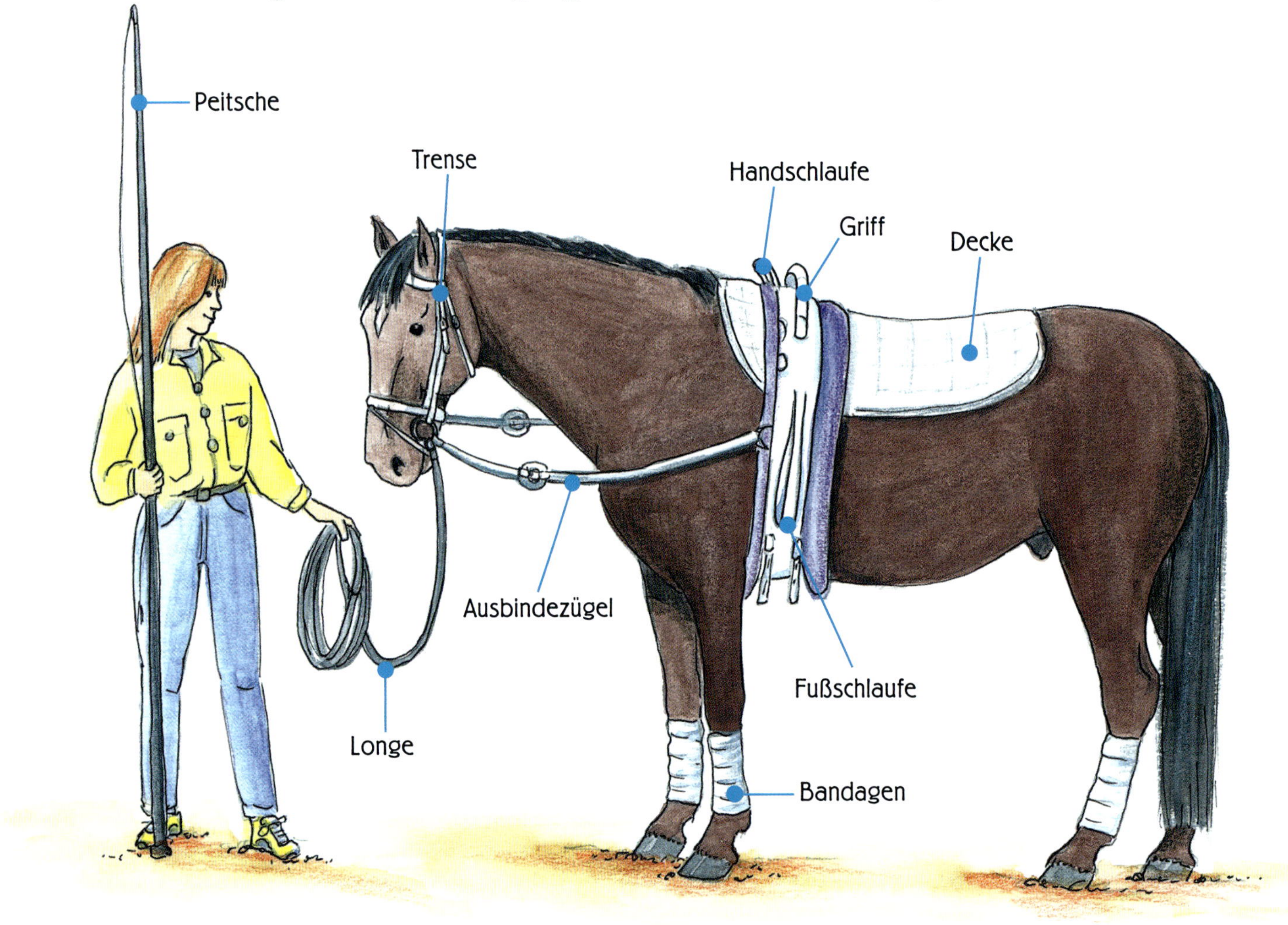


Longe und Peitsche dienen dem Longenführer dazu, das Pferd zu lenken und sein Tempo zu bestimmen.

Der Pferderücken wird durch eine Voltigierdecke gepolstert. Bandagen schützen die empfindlichen Pferdebeine.

# Auftrensen

Das Auftrensen übernehmen die Größeren, denn dazu braucht man viel Übung.

Schau den großen Voltigierern oder dem Voltigierausbilder zu, wie sie das Pferd für die Übungsstunde vorbereiten. Bald kannst du auch selbst mithelfen.

# Voltigieren lernen ist nicht schwer

Beim Voltigieren führt der Longenführer das Voltigierpferd auf einem großen Kreis.

Er sorgt dafür, dass es ruhig und regelmäßig geht. So kannst du dich ganz auf deine Übungen auf dem Pferd konzentrieren. Ein Helfer ist jederzeit bereit, dir Hilfestellung zu geben.

Du lernst zunächst alle Übungen am Turnpferd und dann auf dem stehenden Pferd.

Später geht es weiter im Schritt – manchmal auch im Trab – danach im Galopp.

Zunächst musst du lernen, das Gleichgewicht auf dem Pferd zu halten, ohne es zu stören. Du fängst mit einfachen Sitzübungen an.

Es ist gar nicht so schwer, auf dem Pferderücken sitzen zu bleiben und dabei die Griffe des Voltigiergurts loszulassen.

# Beim Voltigieren ist etwas los!

Jede Stunde beginnt mit Lauf- und Gymnastikübungen. Im Winter ist es in den Reithallen ziemlich kalt, da ist Aufwärmen besonders wichtig.

Ein Helfer betreut euch beim Üben am Turnpferd. Das lässt sich zum Glück alles gefallen! Probiere deshalb alle Übungen erst auf dem Turnpferd aus.

Auf dem Pferd wechseln die Voltigierer sich ab. Pass immer gut auf, damit du weißt, wann du an der Reihe bist!

Nach der Stunde helft ihr wieder mit, den Hufschlag des Pferdes einzuebnen oder das Pferd trocken zu führen.

# So kommst du aufs Pferd und wieder runter

Anfangs kommt dir euer Voltigierpferd sehr hoch vor. Aber es ist gar nicht so schwer hinaufzukommen.

Du beginnst am stehenden Pferd und ein Helfer unterstützt dich dabei.

Vor dem Aufspringen läufst du mit dem Pferd im Schritt oder im Galopp mit.

Mit einem kräftigen Absprung kannst du dich nun aufs Pferd schwingen.

Willst du wieder runter, nimmst du beim Abgang ein Bein über den Pferdehals oder schwingst beide Beine nach hinten über den Pferderücken.

Du lernst gleich von Anfang an, wie du wieder sicher herunterkommst und richtig landest.
Beim Üben geht's auch einmal unfreiwillig abwärts! Keine Angst – voltigiert wird nur auf einem weichen Boden, so dass du dir nicht weh tust.

# Voltigierspiele sind spannend

Es gibt viele abwechslungsreiche Voltigierspiele. Für manche Spiele müsst ihr besonders geschickt oder schnell sein, bei anderen müsst ihr euch sehr gut konzentrieren können.

Bei allen Spielen kommt es darauf an, dass eure Gruppe die Spielregeln beachtet und gut zusammenspielt.

Spielen macht viel Spaß – trotzdem ist es wichtig, dass ihr rücksichtsvoll mit eurem Pferd umgeht. Dann macht es auch geduldig mit!

Fröhliche und spannende Spiele – mit und ohne Spielgeräte – könnt ihr euch auch selbst ausdenken.

Hast du auch eine neue Idee für die nächste Voltigierstunde?

# Voltigieren ist immer wieder anders

Es gibt viele Möglichkeiten, auf einem Pferd zu turnen.

Ihr könnt auf- und abspringen, schwingen und balancieren, sitzen, knien oder stehen.

Schrittweise wirst du auch alle anderen Pflichtübungen lernen, die du später an einem Voltigier-wettkampf vorführen kannst.

Die Bilder zeigen dir einige Beispiele: die Mühle, das Knien und die Schere.

Im Galopp macht Voltigieren am meisten Spaß, weil du dabei richtig Schwung bekommst. Bestimmt wird der Galopp bald deine liebste Gangart. Möchtest du auch einmal die abgebildeten Kürübungen nachturnen?

# Einer, zwei oder drei – auf einem Pferd

Gemeinsame Kunststücke auf dem Pferderücken machen am meisten Spaß! In der Kür kann jeder seine Stärken zeigen. Ihr könnt dabei Doppel- und Dreierübungen nach eigenen Ideen zusammenstellen.

Jeder findet dabei seinen richtigen Platz: Wer leicht und klein ist, schwebt meist ganz oben. Die Größeren und Stärkeren stützen von unten.

Die guten Turner glänzen mit einem flotten Abgang oder einem Schulterstand.

Wichtig ist es, dass sich jeder auf den anderen verlassen kann, damit alles klappt.

Erfindet selbst neue Übungen und probiert sie zusammen aus!

# Euer großer Auftritt

Wenn du genügend geübt hast, kannst du an einem Voltigiertag einmal zeigen, was du schon gelernt hast.

Dort treffen sich Voltigiergruppen zu Spielen und spannenden Wettbewerben. Vorführungen in Kostümen sind besonders beliebt.

Später kann eure Gruppe an Voltigierturnieren teilnehmen. Dort werden alle Pflicht- und Kürübungen im Galopp verlangt. Euer Pferd wird dafür eingeflochten und die Gruppe trägt schicke Turnieranzüge.

Die beste Gruppe erhält von den Richtern eine goldene Schleife und manchmal sogar einen Pokal.

# Voltigieren und Reiten gehören zusammen

Wenn du erst einmal voltigieren kannst, wird es dir nicht mehr schwer fallen, mit dem Reiten zu beginnen. Du hast schon viel über Pferde gelernt und kannst das Gleichgewicht auf dem Pferd halten.

Du beginnst mit Sitzübungen an der Longe, um dich an den Sattel und die Zügel zu gewöhnen. Nun freu dich auf deine erste Reitstunde!

Wenn du im Sattel sicher bist, wird dein erster Ausritt ein ganz besonderes Erlebnis sein! Wenn du älter bist, kannst du auch das Longieren lernen und vielleicht eine eigene Voltigiergruppe übernehmen.

# Wenn ich einmal träume ...